CAHIER DE TEXTE

D1653523

RENSEIGNEMENTS PERSONNELS

Nom :

Prénom :

Age :

Adresse :

Ville :

Ecole :

Classe :

Téléphone :

Année scolaire :

En cas d'urgence, prévenir :

Groupe sanguin : _____

Nom : _____ *Prénom :* _____

Adresse : _____

Ville : _____ *Code Postal :* ☐☐☐☐☐

Téléphone : _____

Nom : _____ *Prénom :* _____

Adresse : _____

Ville : _____ *Code Postal :* ☐☐☐☐☐

Téléphone : _____

En cas d'urgence, prévenir :

SAMU	POLICE	POMPIER	URGENCE SMS
15	17	18	114

Nom : _____   Prénom : _____
Adresse : _____
Ville : _____   Code Postal : ⬜⬜⬜⬜⬜
Téléphone : _____

Nom : _____
Prénom : _____
Adresse : _____
Ville : _____
Code Postal : ⬜⬜⬜⬜⬜
Téléphone : _____

MES PROFS

Nom	Prénom	Matière

MES AMIS

Nom et Prénom	Téléphone	@

EMPLOI DU TEMPS

	LUNDI	MARDI	MERCREDI
8:00 – 9:00			
9:00 – 10:00			
10:00 – 11:00			
11:00 – 12:00			
12:00 – 13:00			
13:00 – 14:00			
14:00 – 15:00			
15:00 – 16:00			
16:00 – 17:00			

EMPLOI DU TEMPS

	JEUDI	VENDREDI	SAMEDI
8:00 9:00			
9:00 10:00			
10:00 11:00			
11:00 12:00			
12:00 13:00			
13:00 14:00			
14:00 15:00			
15:00 16:00			
16:00 17:00			

MES NOTES

MES NOTES

MES OBJECTIFS

MES RÉSULTATS SCOLAIRES

Matière	1er Trimestre		2ème Trimestre		3ème Trimestre	
	Notes	Moyenne	Notes	Moyenne	Notes	Moyenne

LES SIGNATURES DE MES COPAINS ET COPINES

ALLOSAURUS

LUNDI

LUNDI

Tables de multiplication

1
1 × 1 = 1
1 × 2 = 2
1 × 3 = 3
1 × 4 = 4
1 × 5 = 5
1 × 6 = 6
1 × 7 = 7
1 × 8 = 8
1 × 9 = 9
1 × 10 = 10

2
2 × 1 = 2
2 × 2 = 4
2 × 3 = 6
2 × 4 = 8
2 × 5 = 10
2 × 6 = 12
2 × 7 = 14
2 × 8 = 16
2 × 9 = 18
2 × 10 = 20

3
3 × 1 = 3
3 × 2 = 6
3 × 3 = 9
3 × 4 = 12
3 × 5 = 15
3 × 6 = 18
3 × 7 = 21
3 × 8 = 24
3 × 9 = 27
3 × 10 = 30

4
4 × 1 = 4
4 × 2 = 8
4 × 3 = 12
4 × 4 = 16
4 × 5 = 20
4 × 6 = 24
4 × 7 = 28
4 × 8 = 32
4 × 9 = 36
4 × 10 = 40

5
5 × 1 = 5
5 × 2 = 10
5 × 3 = 15
5 × 4 = 20
5 × 5 = 25
5 × 6 = 30
5 × 7 = 35
5 × 8 = 40
5 × 9 = 45
5 × 10 = 50

6
6 × 1 = 6
6 × 2 = 12
6 × 3 = 18
6 × 4 = 24
6 × 5 = 30
6 × 6 = 36
6 × 7 = 42
6 × 8 = 48
6 × 9 = 54
6 × 10 = 60

7
7 × 1 = 7
7 × 2 = 14
7 × 3 = 21
7 × 4 = 28
7 × 5 = 35
7 × 6 = 42
7 × 7 = 49
7 × 8 = 56
7 × 9 = 63
7 × 10 = 70

8
8 × 1 = 8
8 × 2 = 16
8 × 3 = 24
8 × 4 = 32
8 × 5 = 40
8 × 6 = 48
8 × 7 = 56
8 × 8 = 64
8 × 9 = 72
8 × 10 = 80

9
9 × 1 = 9
9 × 2 = 18
9 × 3 = 27
9 × 4 = 36
9 × 5 = 45
9 × 6 = 54
9 × 7 = 63
9 × 8 = 72
9 × 9 = 81
9 × 10 = 90

10
10 × 1 = 10
10 × 2 = 20
10 × 3 = 30
10 × 4 = 40
10 × 5 = 50
10 × 6 = 60
10 × 7 = 70
10 × 8 = 80
10 × 9 = 90
10 × 10 = 100

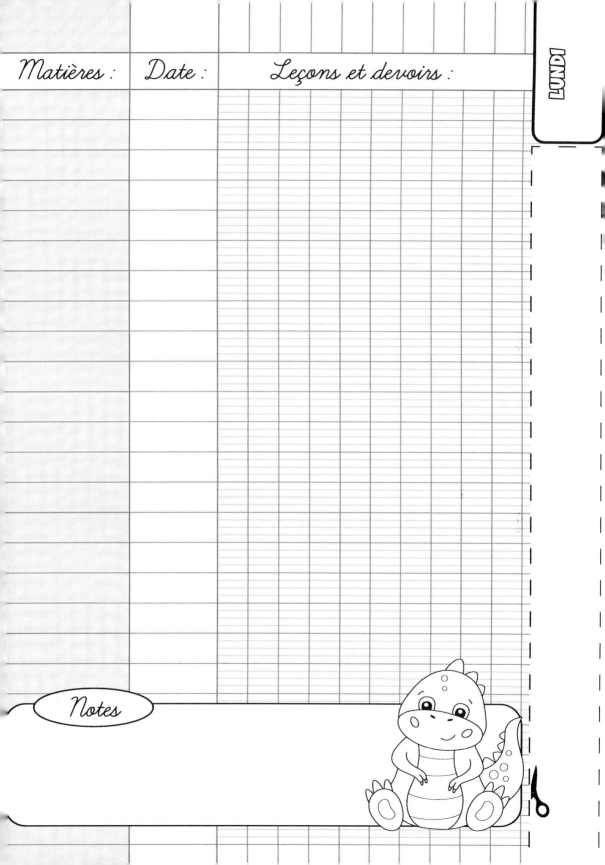

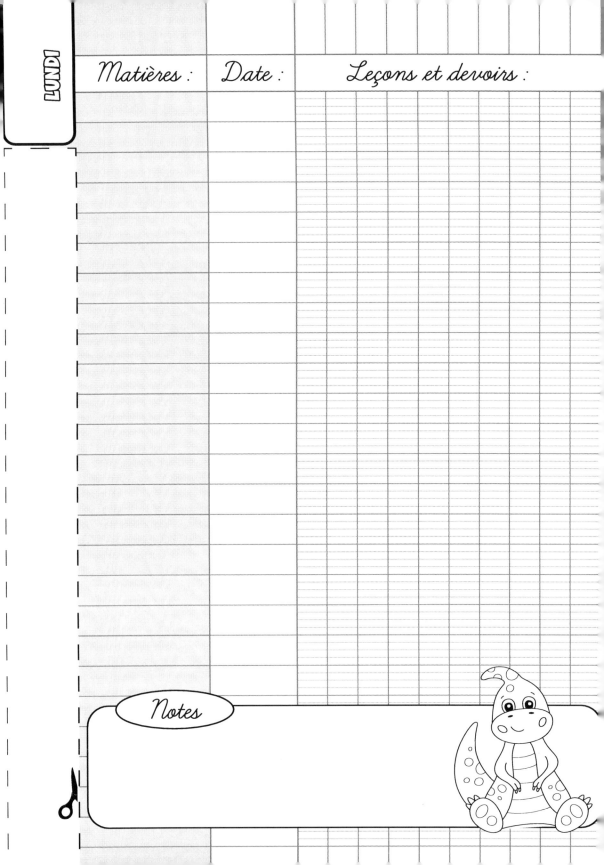

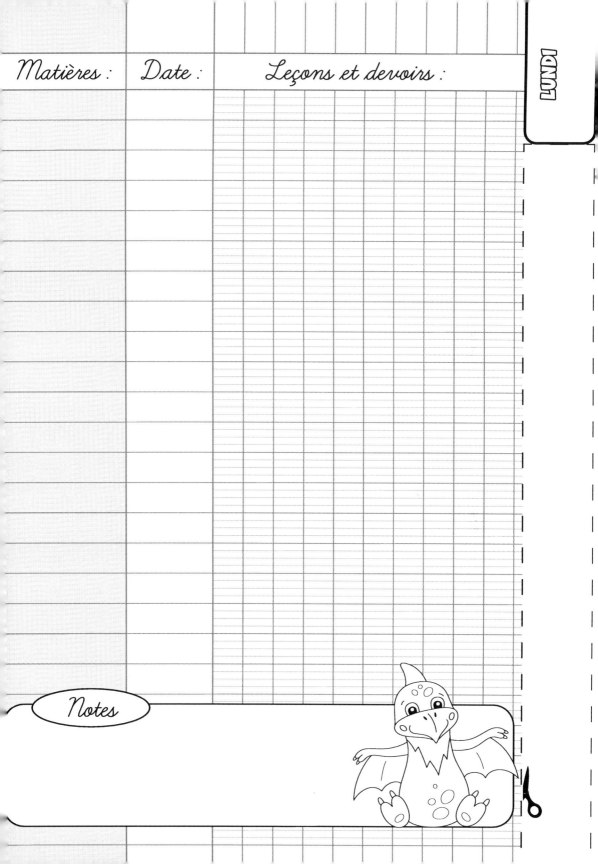

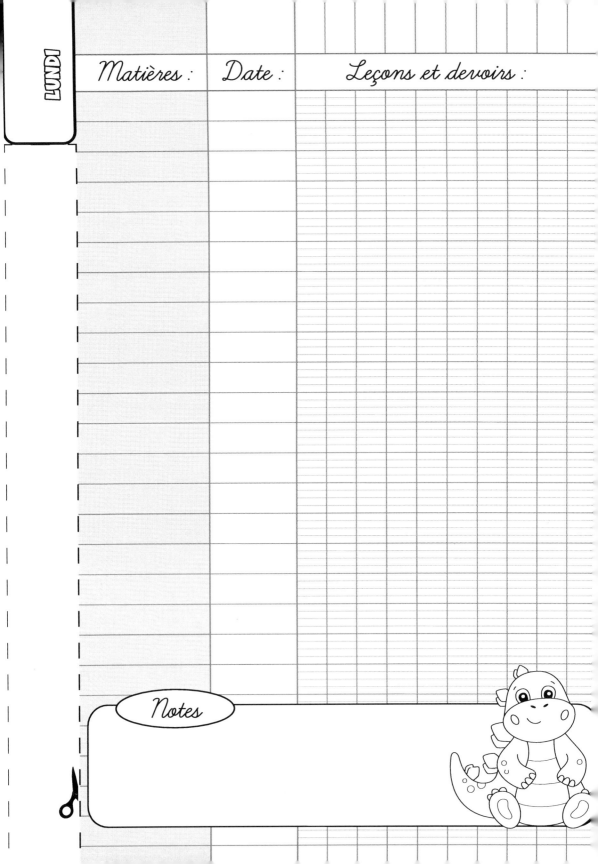

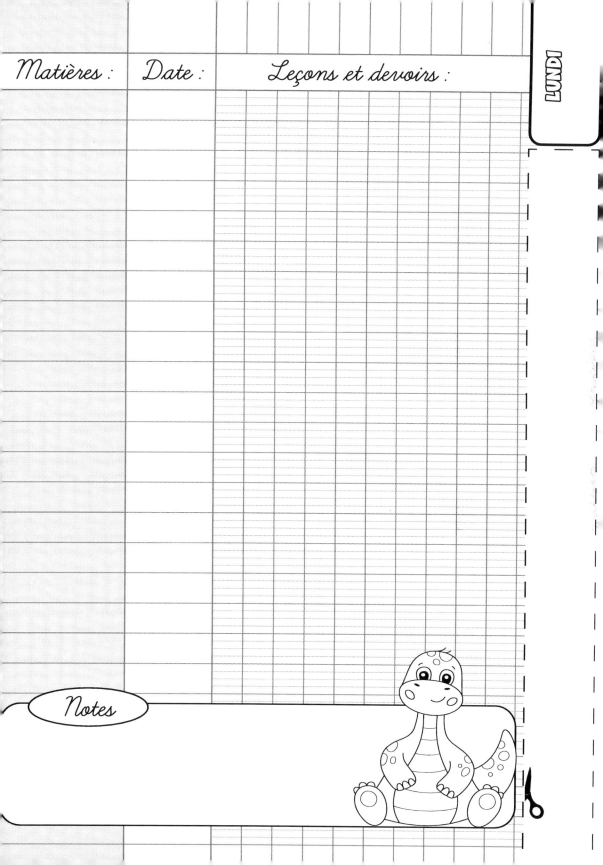

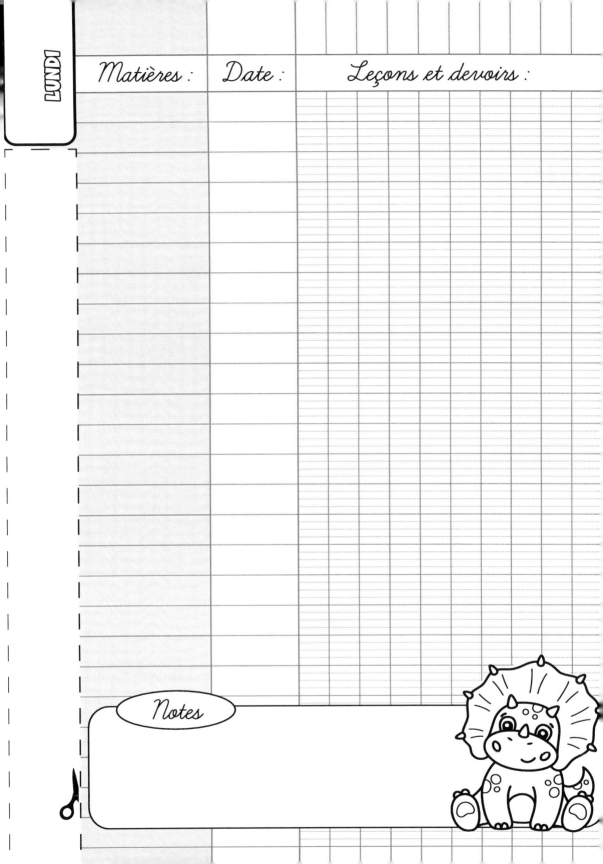

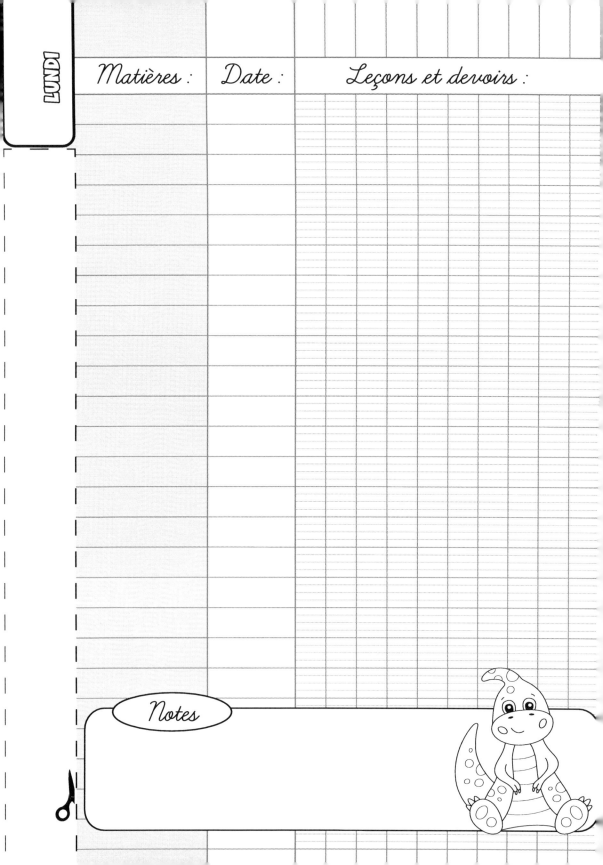

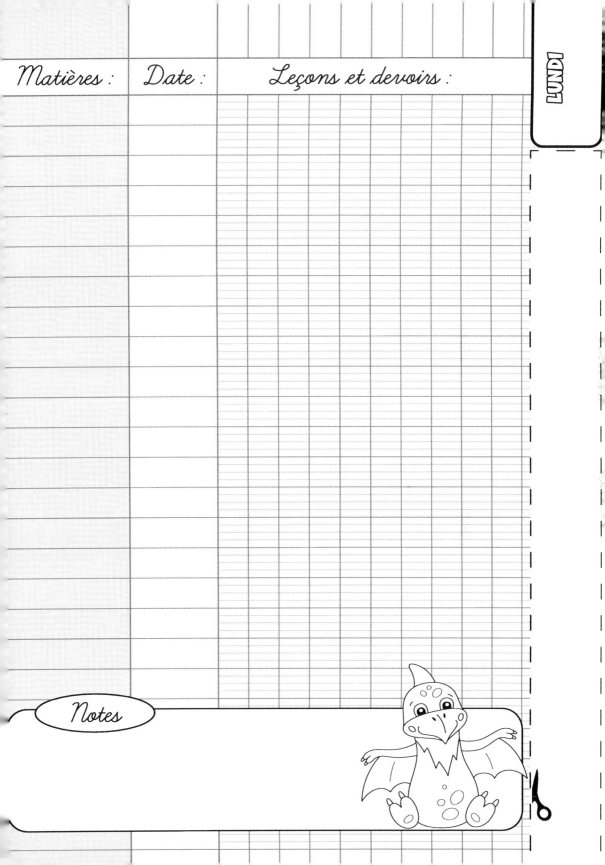

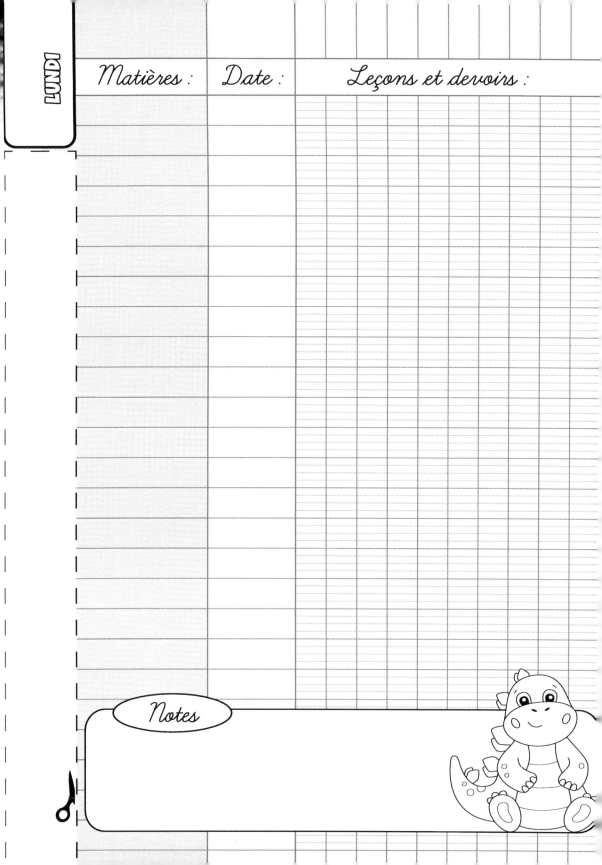

LUNDI

Matières : | Date : | Leçons et devoirs :

Notes

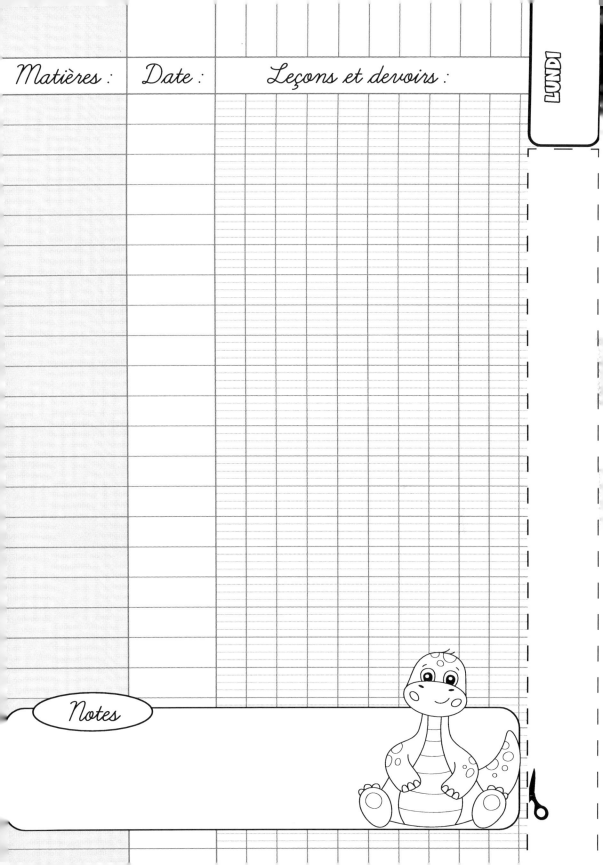

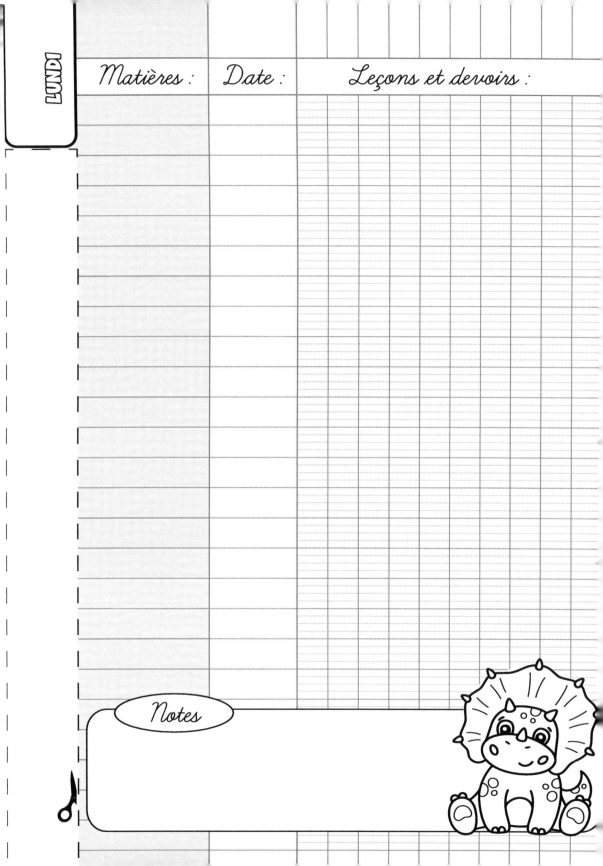

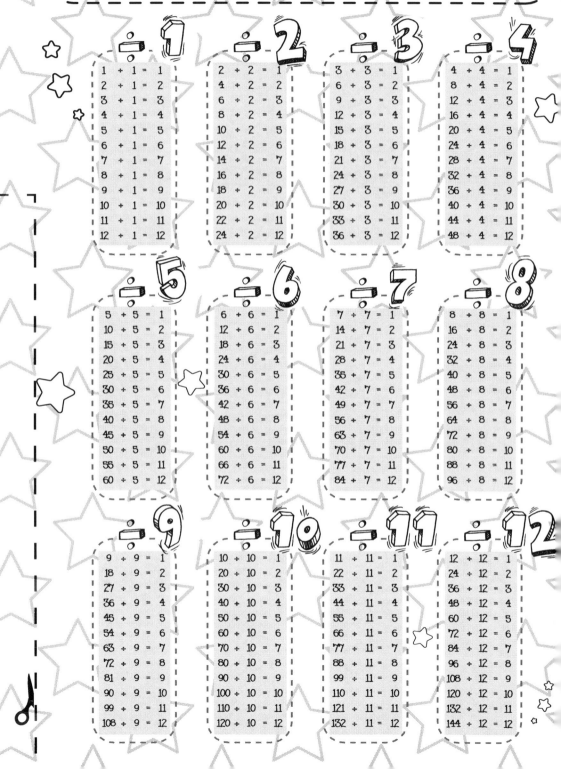

Matières :	Date :	Leçons et devoirs :

MARDI

Notes

MARDI

Matières :	Date :	Leçons et devoirs :

Notes

Matières : | Date : | Leçons et devoirs :

MARDI

Notes

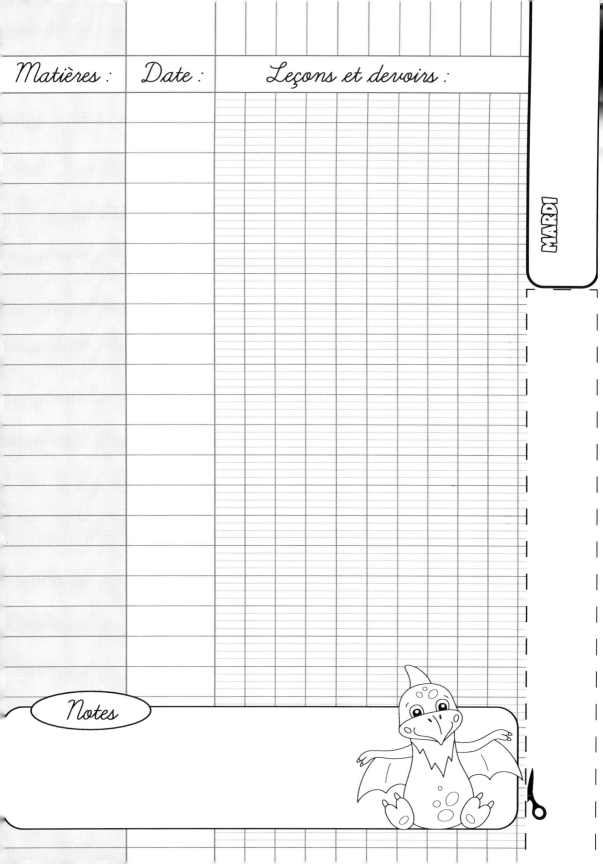

MARDI

Matières :	Date :	Leçons et devoirs :

Notes

Matières :	Date :	Leçons et devoirs :

MARDI

Notes

MARDI

Matières :	Date :	Leçons et devoirs :

Notes

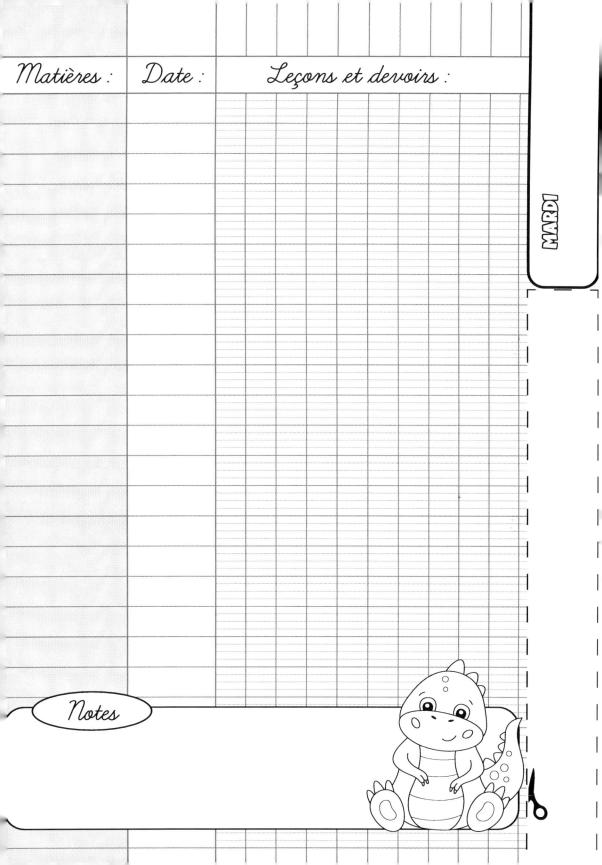

MARDI

Matières :	Date :	Leçons et devoirs :

Notes

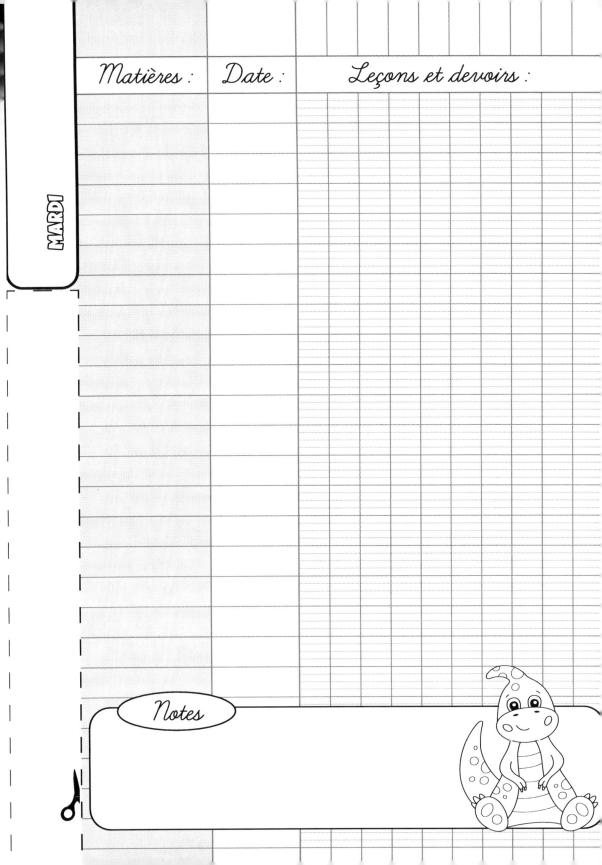

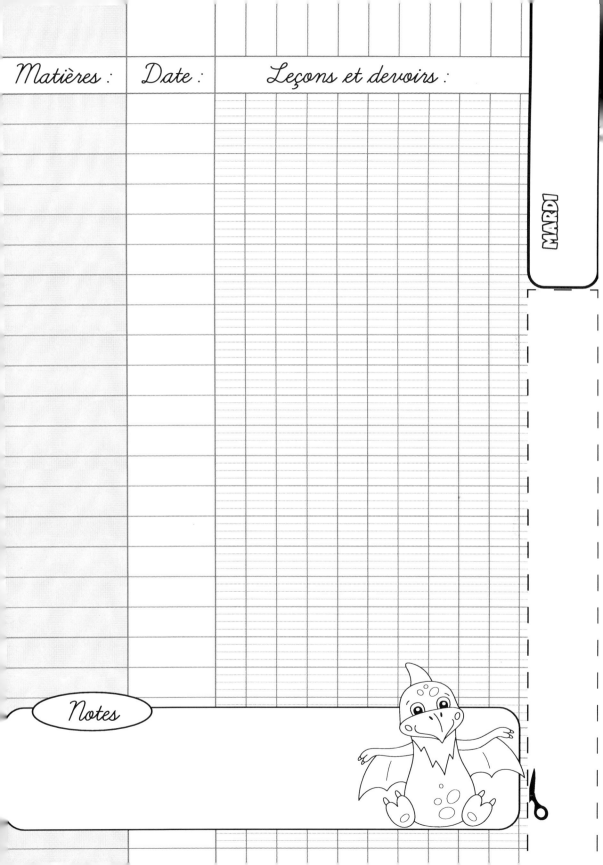

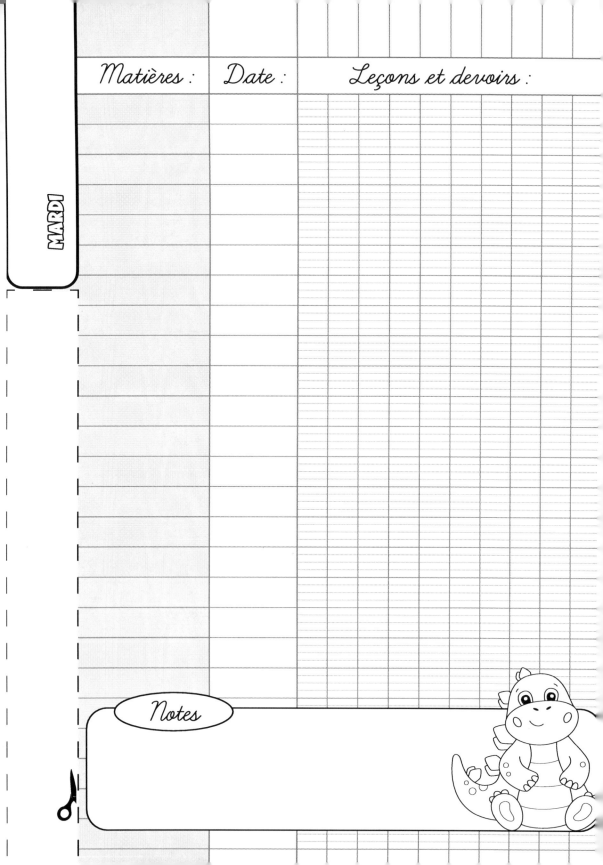

MARDI

Matières :	Date :	Leçons et devoirs :

Notes

Matières :	Date :	Leçons et devoirs :

MARDI

Notes

MARDI

Matières :	Date :	Leçons et devoirs :

Notes

Tables d'addition

1
1 + 0 = 1
1 + 1 = 2
1 + 2 = 3
1 + 3 = 4
1 + 4 = 5
1 + 5 = 6
1 + 6 = 7
1 + 7 = 8
1 + 8 = 9
1 + 9 = 10
1 + 10 = 11
1 + 11 = 12
1 + 12 = 13

2
2 + 0 = 2
2 + 1 = 3
2 + 2 = 4
2 + 3 = 5
2 + 4 = 6
2 + 5 = 7
2 + 6 = 8
2 + 7 = 9
2 + 8 = 10
2 + 9 = 11
2 + 10 = 12
2 + 11 = 13
2 + 12 = 14

3
3 + 0 = 3
3 + 1 = 4
3 + 2 = 5
3 + 3 = 6
3 + 4 = 7
3 + 5 = 8
3 + 6 = 9
3 + 7 = 10
3 + 8 = 11
3 + 9 = 12
3 + 10 = 13
3 + 11 = 14
3 + 12 = 15

4
4 + 0 = 4
4 + 1 = 5
4 + 2 = 6
4 + 3 = 7
4 + 4 = 8
4 + 5 = 9
4 + 6 = 10
4 + 7 = 11
4 + 8 = 12
4 + 9 = 13
4 + 10 = 14
4 + 11 = 15
4 + 12 = 16

5
5 + 0 = 5
5 + 1 = 6
5 + 2 = 7
5 + 3 = 8
5 + 4 = 9
5 + 5 = 10
5 + 6 = 11
5 + 7 = 12
5 + 8 = 13
5 + 9 = 14
5 + 10 = 15
5 + 11 = 16
5 + 12 = 17

6
6 + 0 = 6
6 + 1 = 7
6 + 2 = 8
6 + 3 = 9
6 + 4 = 10
6 + 5 = 11
6 + 6 = 12
6 + 7 = 13
6 + 8 = 14
6 + 9 = 15
6 + 10 = 16
6 + 11 = 17
6 + 12 = 18

7
7 + 0 = 7
7 + 1 = 8
7 + 2 = 9
7 + 3 = 10
7 + 4 = 11
7 + 5 = 12
7 + 6 = 13
7 + 7 = 14
7 + 8 = 15
7 + 9 = 16
7 + 10 = 17
7 + 11 = 18
7 + 12 = 19

8
8 + 0 = 8
8 + 1 = 9
8 + 2 = 10
8 + 3 = 11
8 + 4 = 12
8 + 5 = 13
8 + 6 = 14
8 + 7 = 15
8 + 8 = 16
8 + 9 = 17
8 + 10 = 18
8 + 11 = 19
8 + 12 = 20

9
9 + 0 = 9
9 + 1 = 10
9 + 2 = 11
9 + 3 = 12
9 + 4 = 13
9 + 5 = 14
9 + 6 = 15
9 + 7 = 16
9 + 8 = 17
9 + 9 = 18
9 + 10 = 19
9 + 11 = 20
9 + 12 = 21

10
10 + 0 = 10
10 + 1 = 11
10 + 2 = 12
10 + 3 = 13
10 + 4 = 14
10 + 5 = 15
10 + 6 = 16
10 + 7 = 17
10 + 8 = 18
10 + 9 = 19
10 + 10 = 20
10 + 11 = 21
10 + 12 = 22

11
11 + 0 = 11
11 + 1 = 12
11 + 2 = 13
11 + 3 = 14
11 + 4 = 15
11 + 5 = 16
11 + 6 = 17
11 + 7 = 18
11 + 8 = 19
11 + 9 = 20
11 + 10 = 21
11 + 11 = 22
11 + 12 = 23

12
12 + 0 = 12
12 + 1 = 13
12 + 2 = 14
12 + 3 = 15
12 + 4 = 16
12 + 5 = 17
12 + 6 = 18
12 + 7 = 19
12 + 8 = 20
12 + 9 = 21
12 + 10 = 22
12 + 11 = 23
12 + 12 = 24

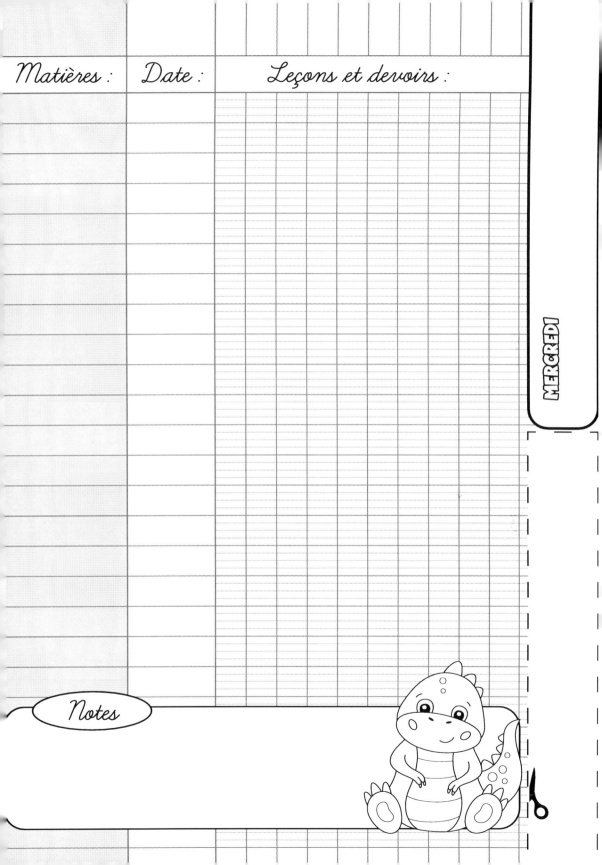

Matières : Date : Leçons et devoirs :

MERCREDI

Notes

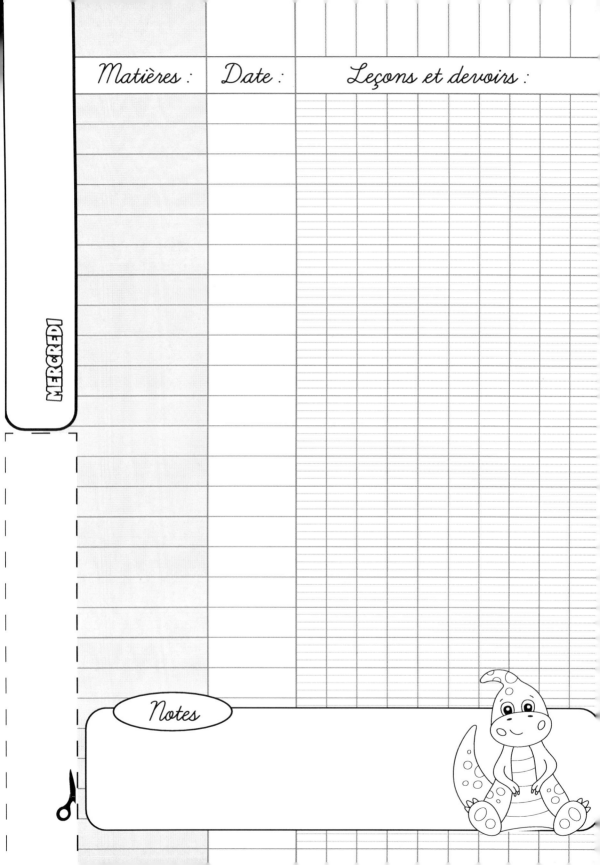

Matières :	Date :	Leçons et devoirs :

MERCREDI

Notes

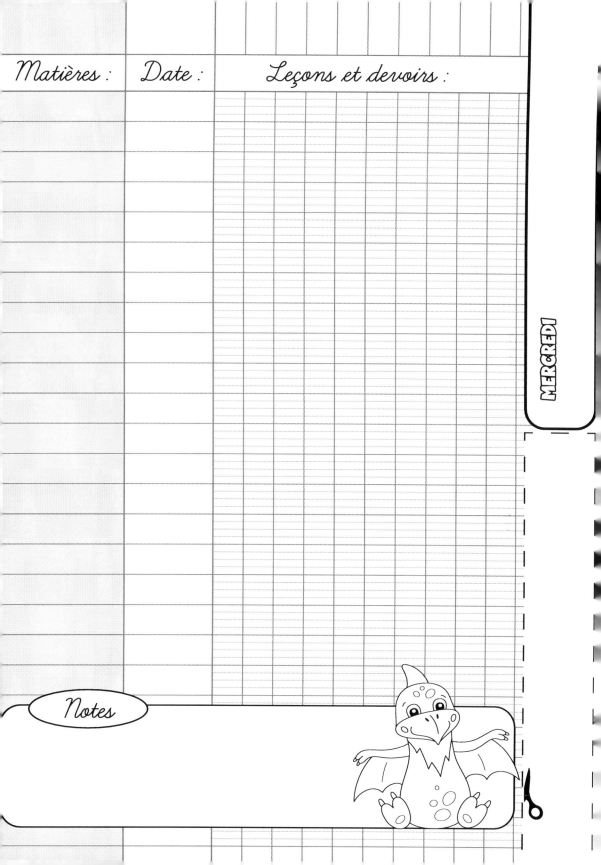

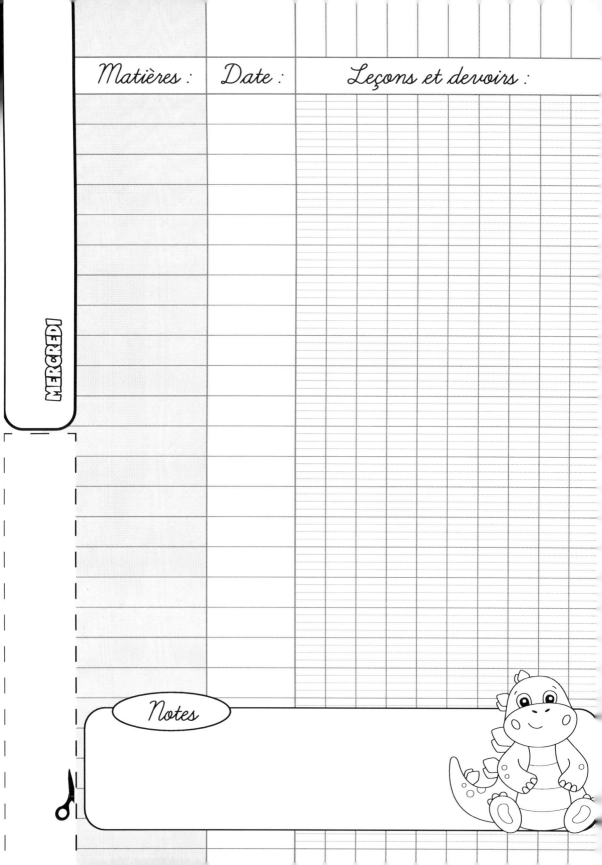

Matières :	Date :	Leçons et devoirs :

MERCREDI

Notes

MERCREDI

Matières :	Date :	Leçons et devoirs :

Notes

Matières : Date : Leçons et devoirs :

MERCREDI

Notes

MERCREDI

Matières :	Date :	Leçons et devoirs :

Notes

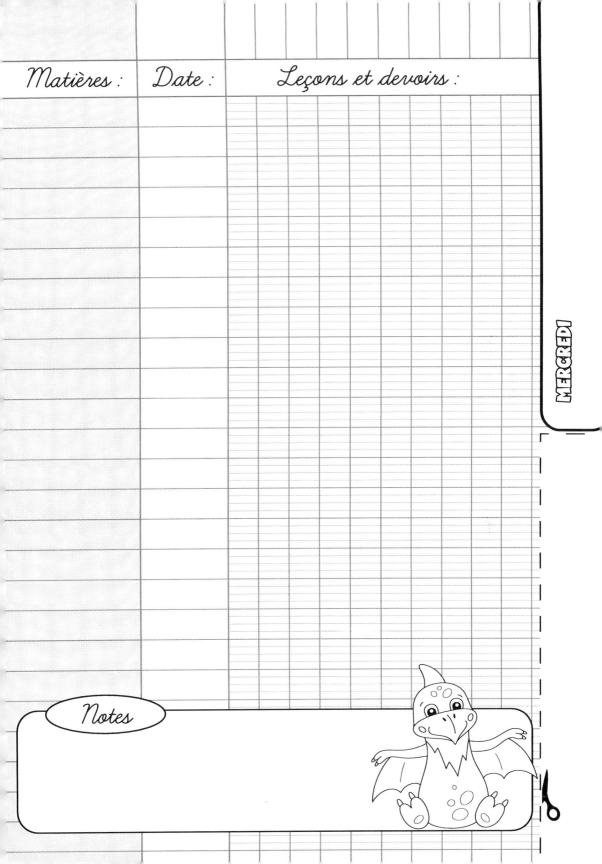

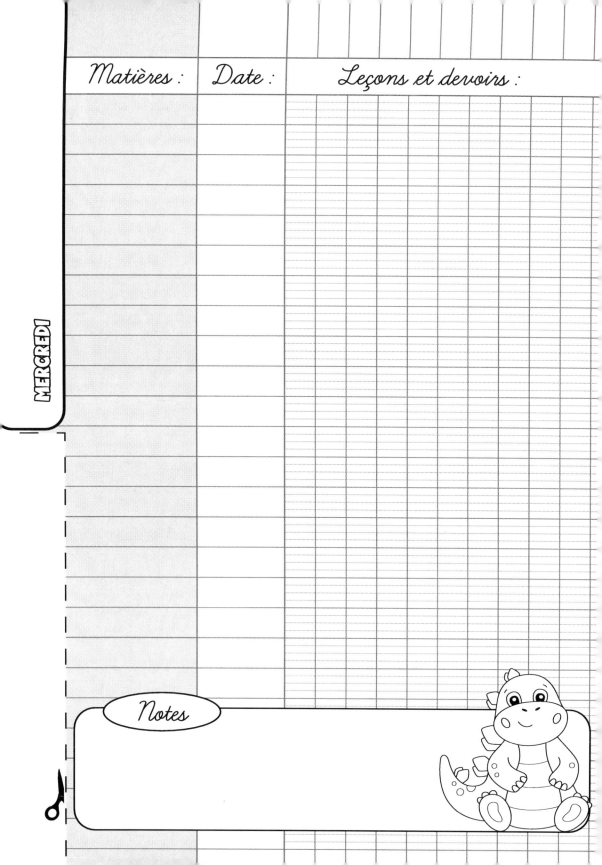

MERCREDI

Matières :	Date :	Leçons et devoirs :

Notes

Matières :	Date :	Leçons et devoirs :

MERCREDI

Notes

MERCREDI

Matières :	Date :	Leçons et devoirs :

Notes

Les solides

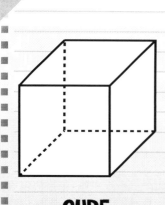

CUBE

PRISME À BASE TRIANGULAIRE

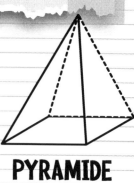

PYRAMIDE

CYLINDRE

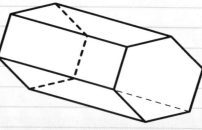

PRISME À BASE HEXAGONALE

CÔNE

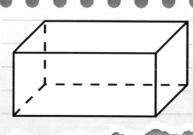

PAVÉ DROIT

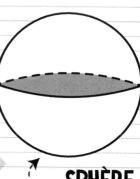

SPHÈRE
(BOULE)

| Matières : | Date : | Leçons et devoirs : |
|---|---|---|ವ
| | | |

JEUDI

Notes

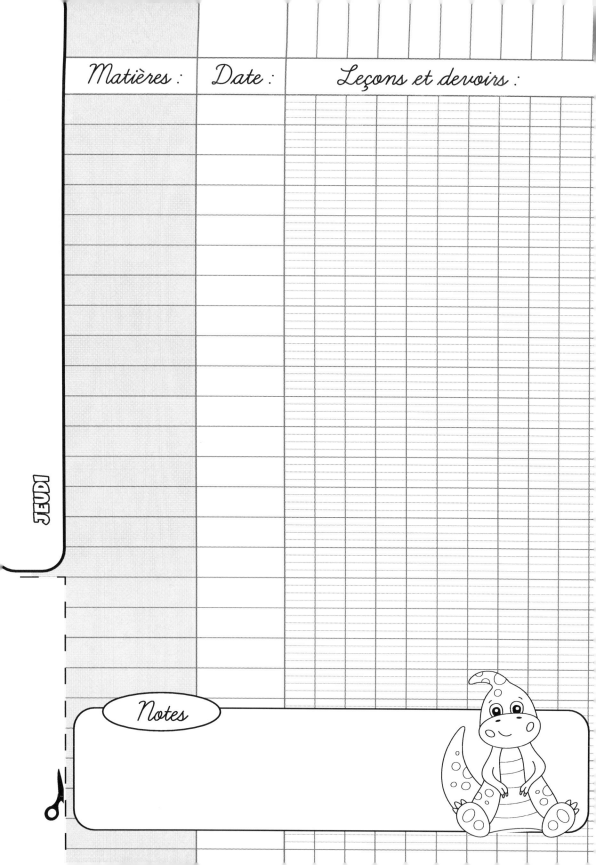

JEUDI

Matières :	Date :	Leçons et devoirs :

Notes

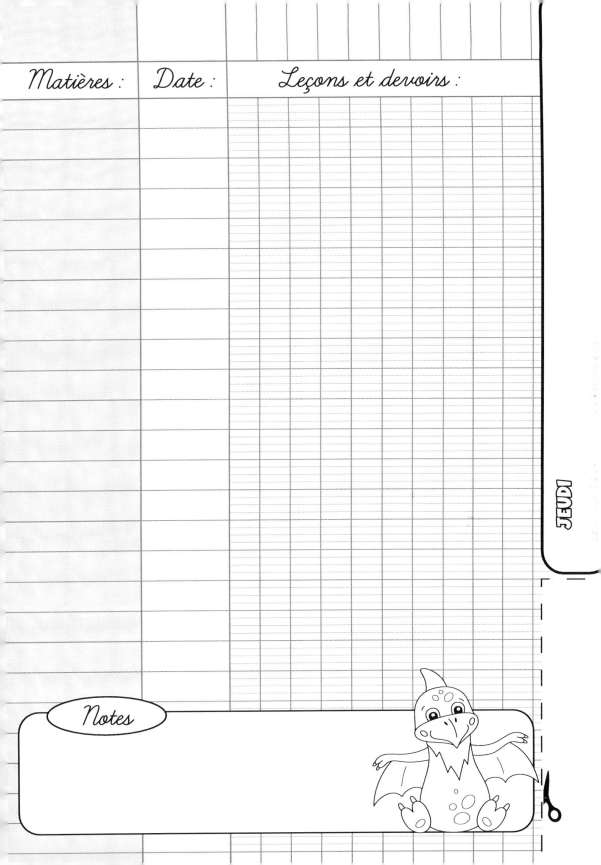

Matières : Date : Leçons et devoirs :

JEUDI

Notes

Matières :	Date :	Leçons et devoirs :

JEUDI

Notes

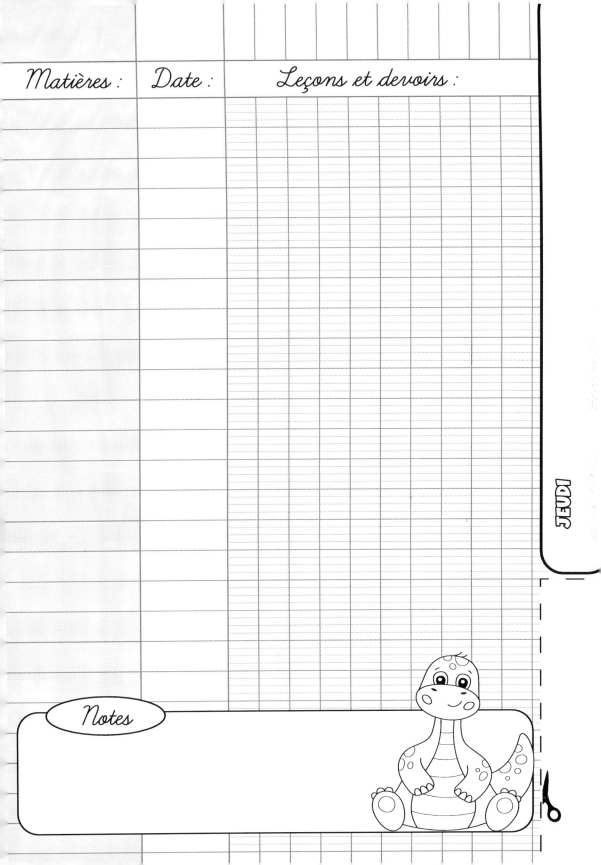

Matières :	Date :	Leçons et devoirs :

JEUDI

Notes

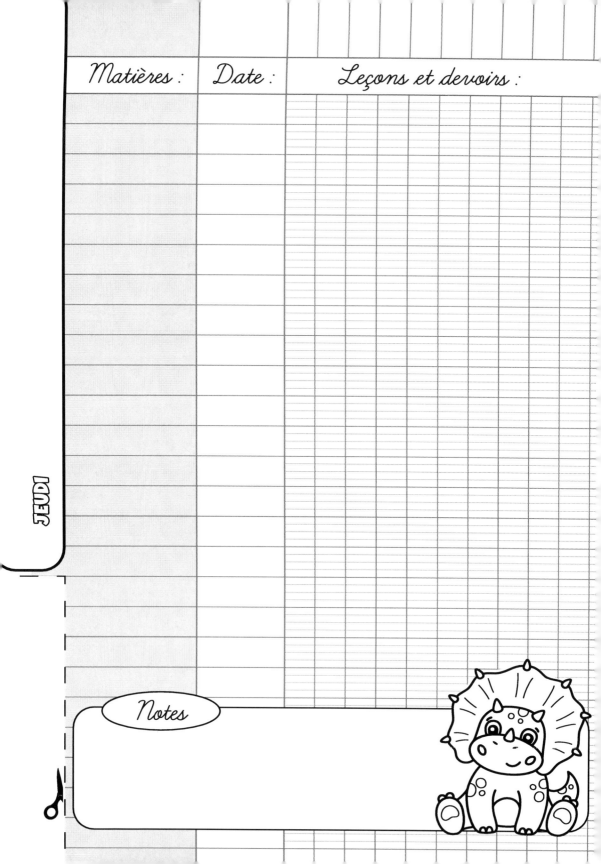

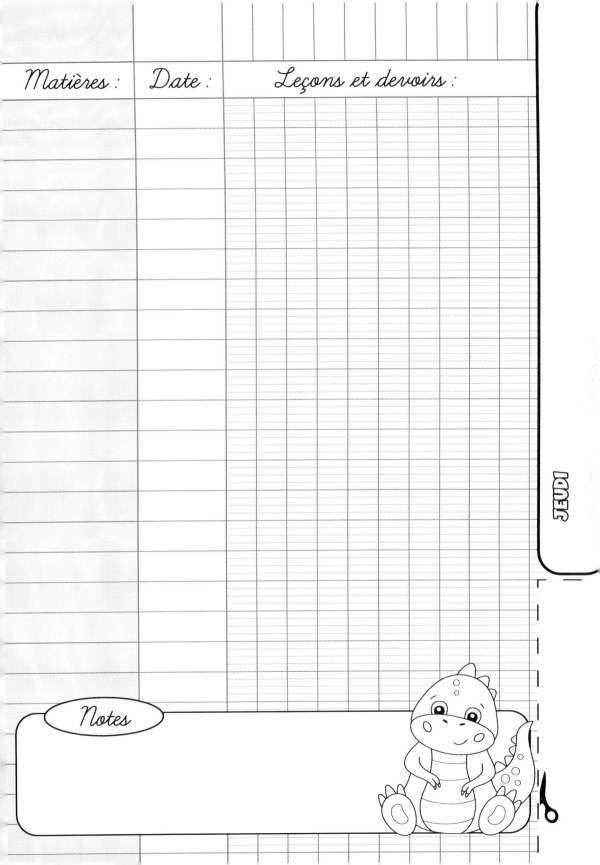

Matières :	Date :	Leçons et devoirs :

JEUDI

Notes

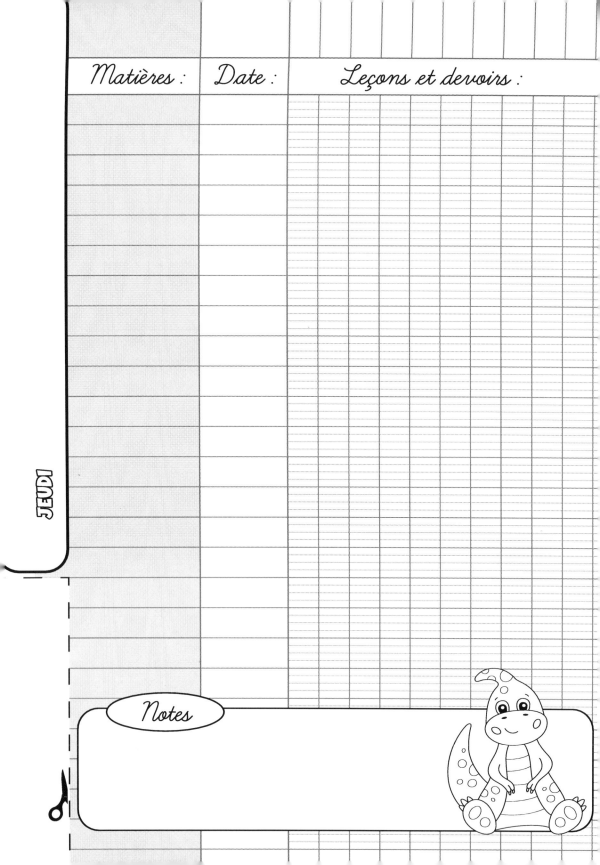

Matières : Date : Leçons et devoirs :

JEUDI

Notes

JEUDI

Matières :	Date :	Leçons et devoirs :

Notes

Matières :	Date :	Leçons et devoirs :

Notes

JEUDI

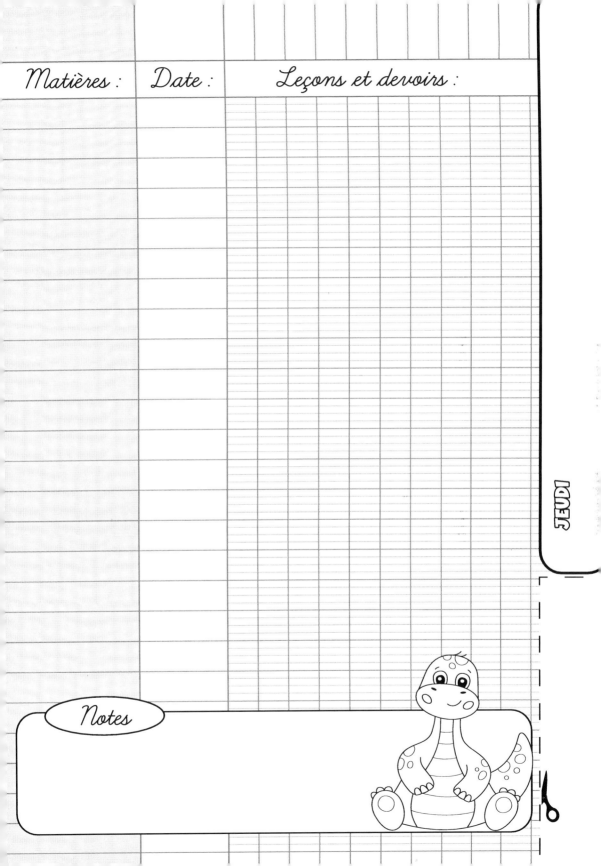

Matières :	Date :	Leçons et devoirs :

JEUDI

Notes

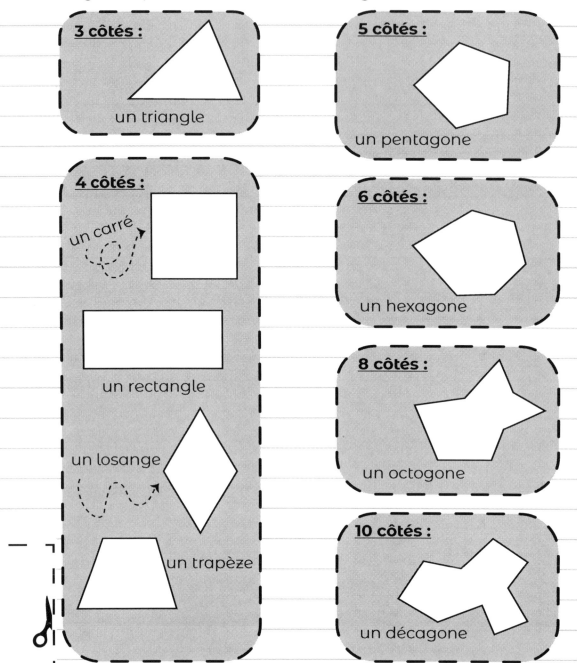

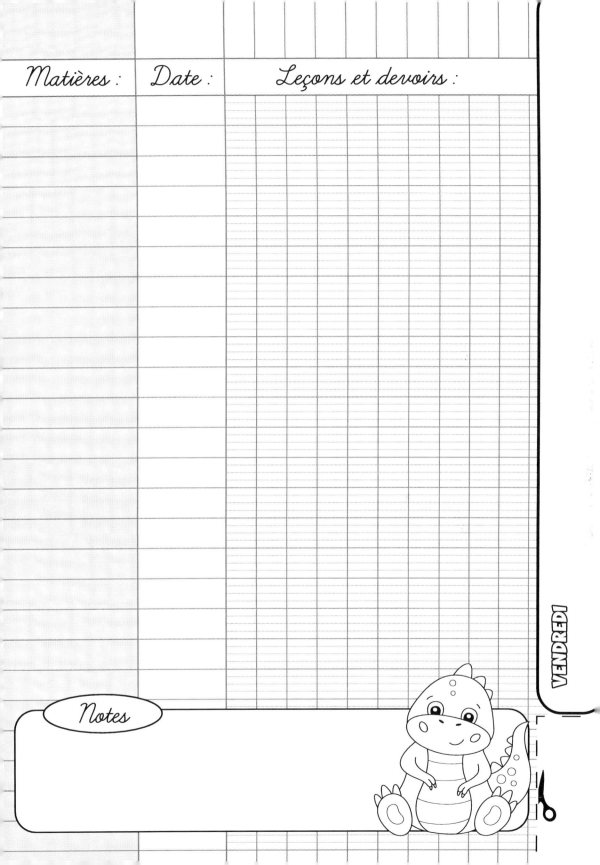

Matières : Date : Leçons et devoirs :

Notes

VENDREDI

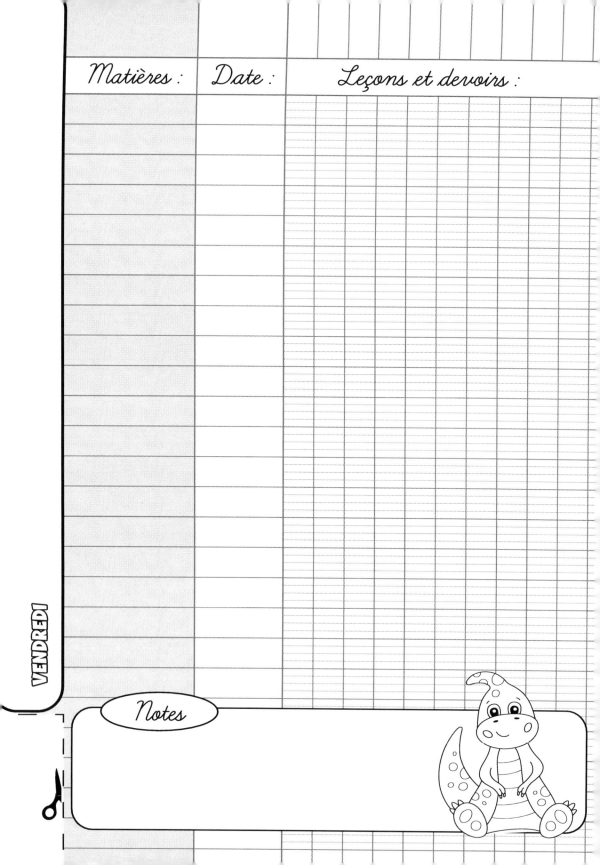

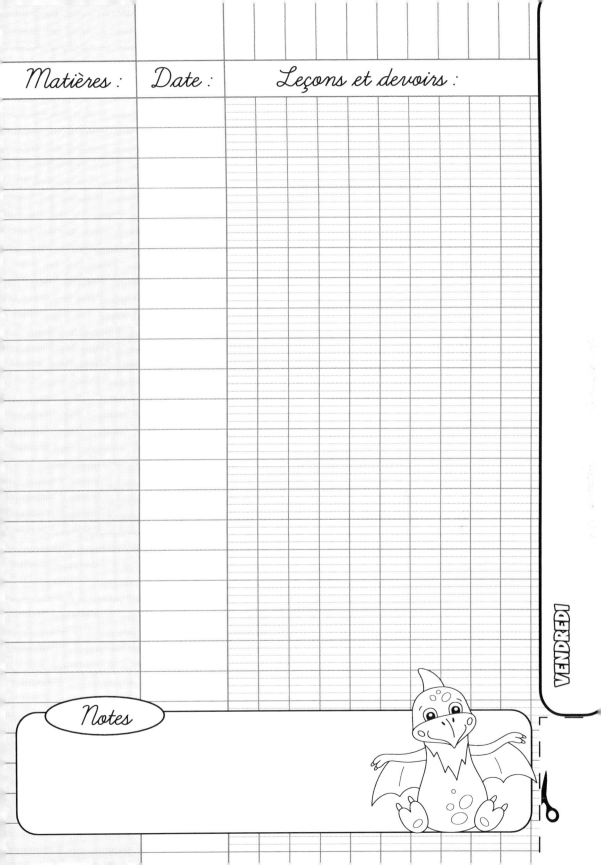

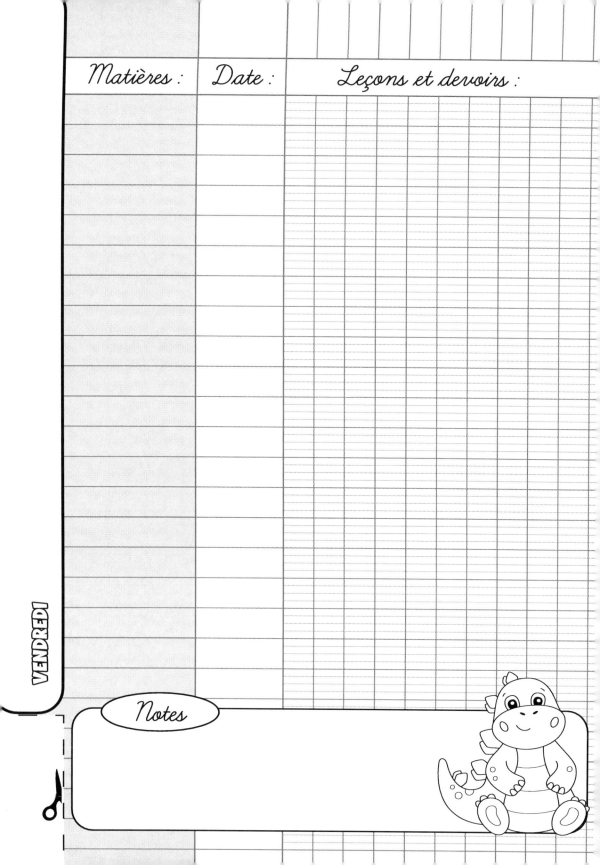

VENDREDI

Matières :	Date :	Leçons et devoirs :

Notes

Matières :	Date :	Leçons et devoirs :

VENDREDI

Notes

Matières : | Date : | Leçons et devoirs :

Notes

VENDREDI

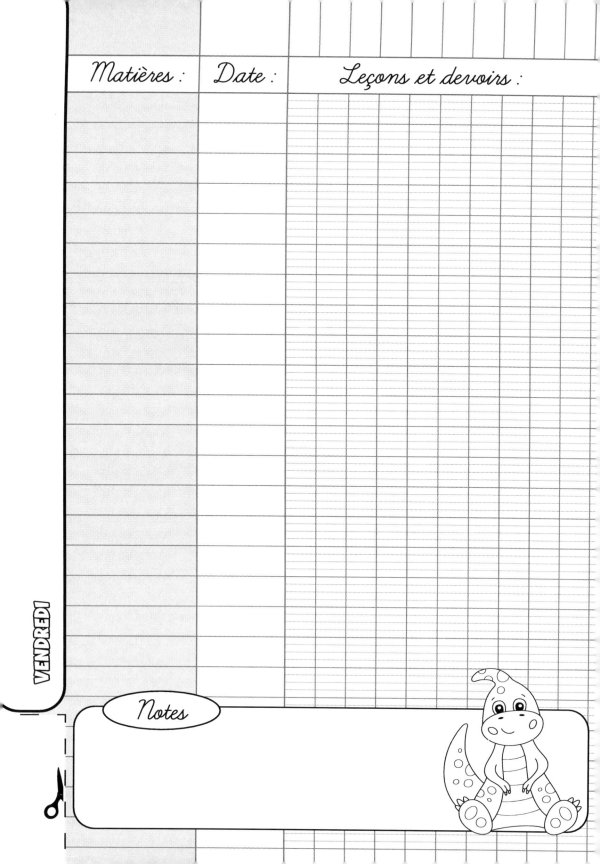

Matières :	Date :	Leçons et devoirs :

VENDREDI

Notes

Matières :	Date :	Leçons et devoirs :

Notes

VENDREDI

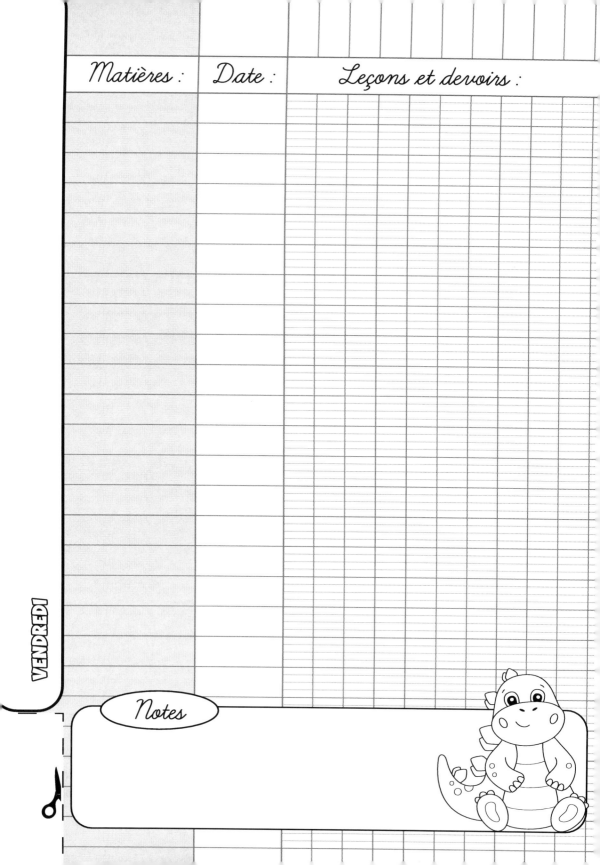

VENDREDI

Matières :	Date :	Leçons et devoirs :

Notes

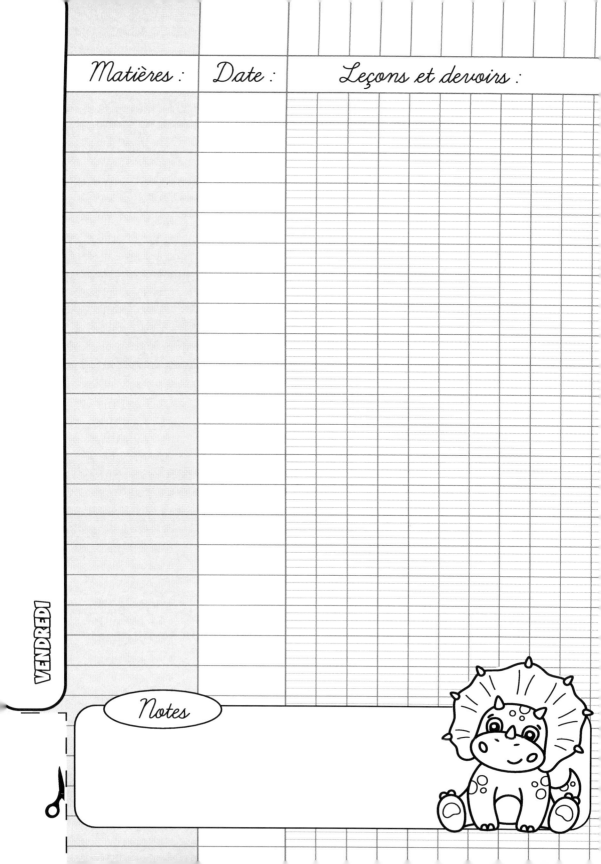

Matières :	Date :	Leçons et devoirs :

VENDREDI

Notes

LISTE DES MOTS INVARIABLES

Les mots invariables ont une orthographe fixe, qui ne change pas. Ils ne varient pas en fonction du genre (féminin ou masculin) et du nombre (singulier ou pluriel).

VOICI UNE LISTE DES PLUS COURANTS :

B
- beaucoup
- bien
- bientôt

E
- encore
- enfin
- ensuite
- entre
- envers
- exprès

N
- naguère
- néanmoins
- non
- ni

S
- sans
- sauf
- selon
- seulement
- sinon
- sitôt
- soudain
- sous
- souvent
- surtout

A
- ailleurs
- afin de, que
- ainsi
- alors
- après
- au-dessous
- au-dessus
- aujourd'hui
- auparavant
- auprès
- aussi
- aussitôt
- autant
- autour
- autrefois
- autrement
- avant
- avec

C
- car
- ceci
- cela
- cependant
- certes
- chez
- comme
- comment

G
- guère
- gré

H
- hélas
- hier
- hors

P
- par
- parce que
- par-dessous
- par-dessus
- parfois
- parmi
- pas
- pendant
- peu
- plus
- plusieurs
- plutôt
- pour
- pourquoi
- pourtant
- près
- presque
- puis

T
- tant
- tant mieux
- tantôt
- tant pis
- tard
- tôt
- toujours
- toutefois
- travers
- très
- trop

D
- d'abord
- dans
- davantage
- dedans
- dehors
- déjà
- demain
- depuis
- dès lors
- dès que
- désormais
- dessous
- dessus
- devant
- donc
- dont
- dorénavant
- durant

I
- ici

J
- jamais

L
- là-bas
- loin
- longtemps
- lorsque

M
- maintenant
- mais
- malgré
- mieux
- moins

Q
- quand
- quelquefois
- quoi
- quoique
- qui
- que
- quiconque

V
- vers
- voici
- voilà
- volontiers
- vraiment

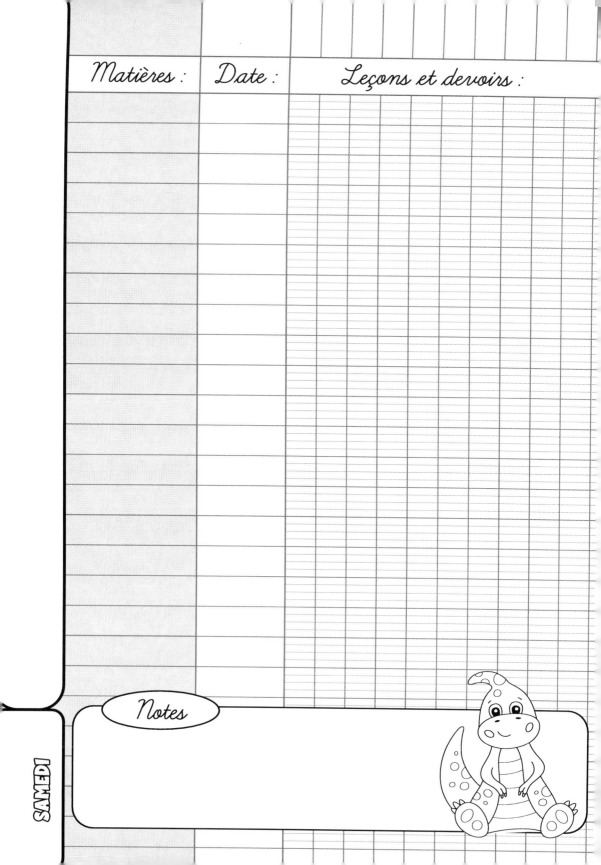

Matières :	Date :	Leçons et devoirs :

SAMEDI

Notes

Matières :	Date :	Leçons et devoirs :

Notes

SAMEDI

Matières :	Date :	Leçons et devoirs :

SAMEDI

Notes

Matières :	Date :	Leçons et devoirs :

SAMEDI

Notes

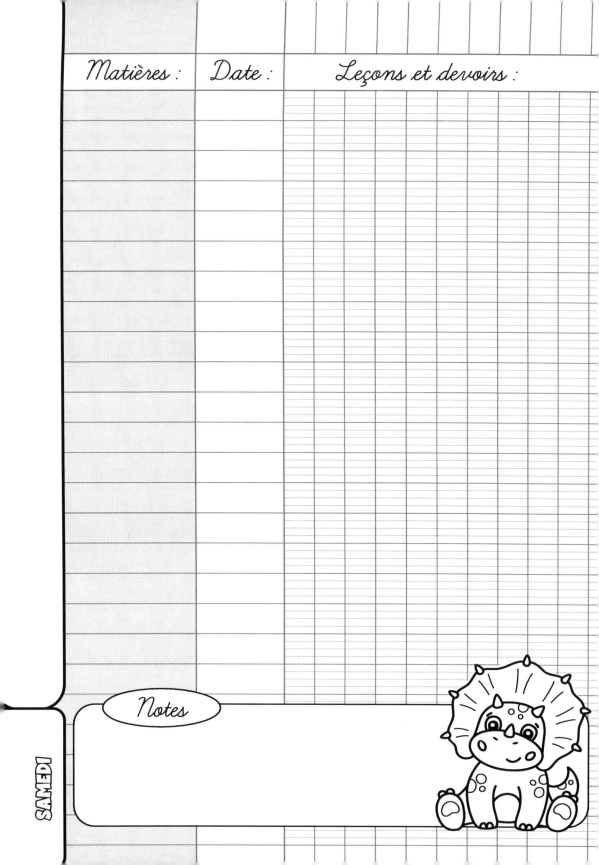

Matières : | Date : | Leçons et devoirs :

Notes

SAMEDI

Matières :	Date :	Leçons et devoirs :

SAMEDI

Notes

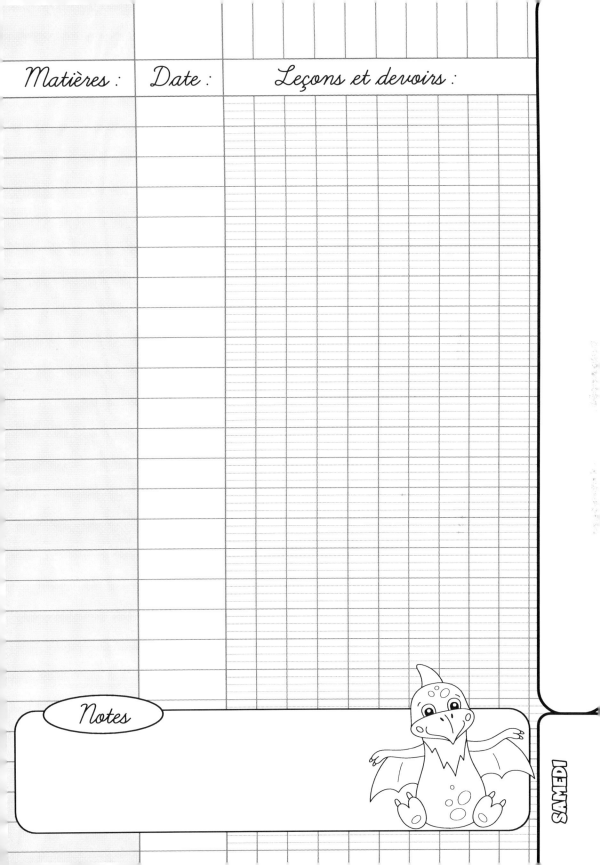

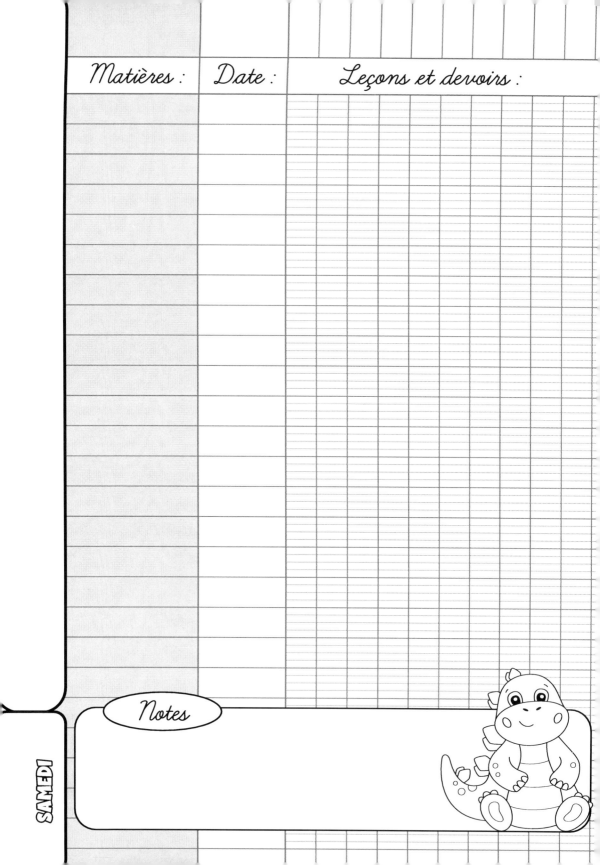

Matières :	Date :	Leçons et devoirs :

SAMEDI

Notes

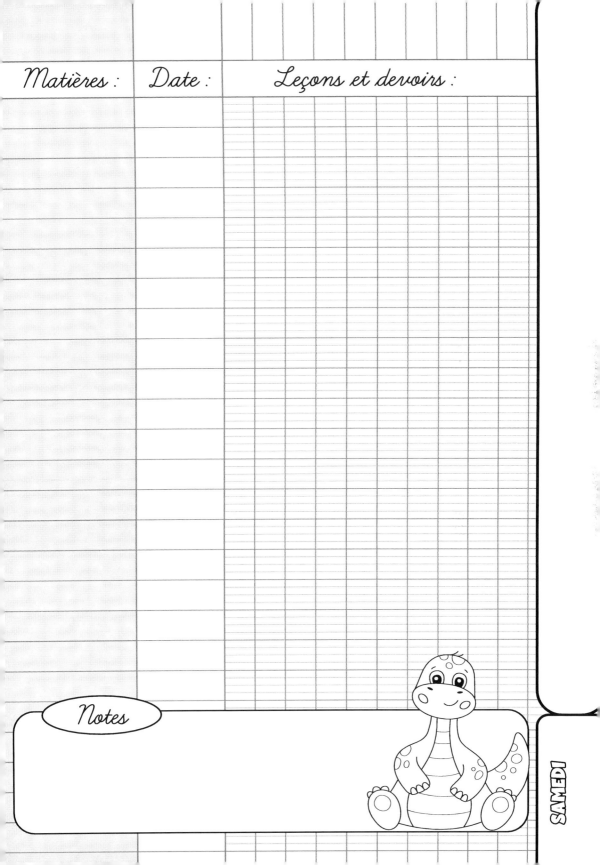

Matières :	Date :	Leçons et devoirs :

Notes

SAMEDI

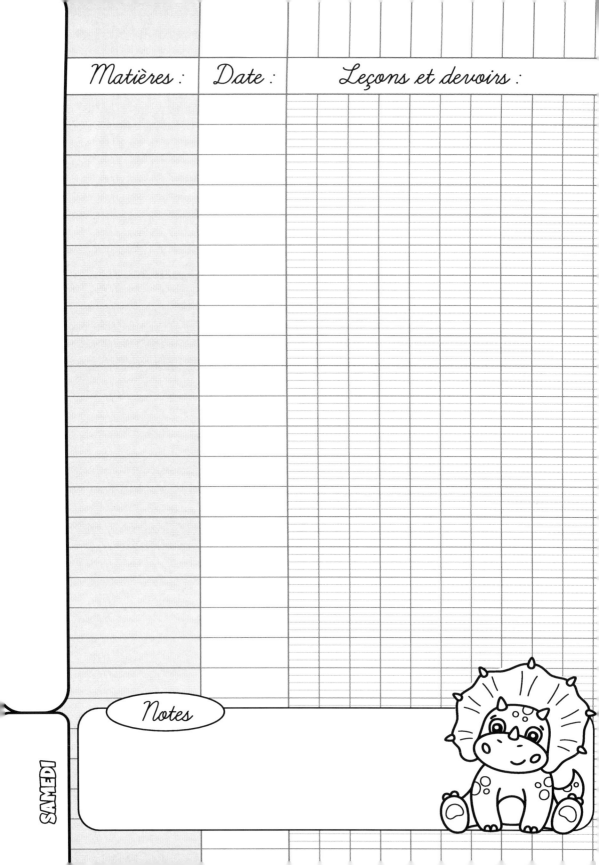

Matières :	Date :	Leçons et devoirs :

SAMEDI

Notes

Printed by Amazon Italia Logistica S.r.l.
Torrazza Piemonte (TO), Italy